HISTOIRE
SOMMAIRE
ET CHRONOLOGIQUE
DE
CHERBOURG.

HISTOIRE

SOMMAIRE
ET CHRONOLOGIQUE
DE
CHERBOURG,

Avec le JOURNAL de tout ce qui s'est passé au mois de Juin 1786, pendant le séjour du ROI en cette Ville.

À PARIS;

Chez HARDOUIN & GATTEY, Libraires de S. A. S. Mad. la Duchesse d'Orléans, au Palais-Royal.

1786.

HISTOIRE
SOMMAIRE ET CHRONOLOGIQUE

DE

CHERBOURG,

Avec le JOURNAL de tout ce qui s'eſt paſſé au mois de Juin 1786, pendant le ſéjour du Roi en cette Ville.

CHERBOURG eſt une ville maritime de la Preſqu'iſle du *Cotantin*, en *Baſſe-Normandie*, elle eſt ſituée à l'embouchure de la petite rivière de *Divette*, & elle eſt placée entre le Cap de la *Hague* & celui de *Barfleur*, à quinze lieues au nord de *Coutances*, capitale du pays, & à cinq lieues de *Valognes*.

Sa petite rade, qui ſe trouve renfermée dans un ance défendu aujourd'hui, à ſes deux extré-

A 3

mités ou pointes ; par des forteresses ; est la meilleure de la *Manche* ; elle est à l'abri de tous les vents, excepté de ceux du *nord* & du *nord-est* dont il en faut de bien violens pour nuire à la tranquillité des vaisseaux & des navires que l'on peut y ancrer. Cette rade peut contenir une puissante armée navale ; & le port & le bassin peuvent recevoir trois à quatre cens navires.

Le terrein sur lequel est édifié *Cherbourg*, n'étoit sous les *Unelliens*, qui composoient une partie des *Gaulois*, l'un des peuples primitifs de la terre, qu'un petit amas d'hordes où se logeoient des hommes qui ne s'occupoient que de la *pêche*.

Av. J. C. 54. En l'année 54 avant J. C. pendant que *Jules-César* vint soumettre l'*Isle d'Albion*, à présent l'*Angleterre*, ce Conquérant des *Gaules* fit bâtir sur ce terrein une forteresse capable de protéger le pays contre les insultes des étrangers qui auroient voulu y débarquer ; il lui fit donner son nom : on l'appella *Cæsaris Burgus*, mots latins qui furent traduits par la suite par ceux de *César-bourg*.

Ap. J. C. 435. Vers l'an 435 après J. C. *Ereptiole*, premier Evêque de *Coutances*, y fit prêcher la Foi, & les habitans, aux vives sollicitations du

S. Prélat, se construisirent une *Eglise* pour y sacrifier au *Dieu des Dieux* qu'ils y adoroient.

Un instant plus tard les peuples édifièrent également un *Hôtel-Dieu* dans les environs, pour secourir les pauvres pendant leurs infirmités. Ce fut sans doute par les soins du *Comte* ou du *Sénieur* que les Romains avoient établi à *César-bourg* pour gouverner les peuples, que se firent tous ces établissemens pieux.

En 497, la Place de *César-bourg* suivit le sort de celles du reste des *Armoriques*, elle fut rendue volontairement à *Clovis* I., Roi des *Francs*, le nouveau Conquérant des *Gaules Romaines*. 497.

Après l'avoir rangée sous ses loix, qui confirmoient celles des *Romains*, ce premier *Monarque François* la délaissa à ses enfans en 511. Composant une partie du partage de sa succession elle entra dans le lot de *Childebert* qui étoit *Roi de Paris* & de la *Neustrie*, seconde division de la *France naissante*.

En 560, elle advint à *Clotaire* I. le dernier fils de *Clovis*, qui régna comme son père sur l'intégrité des *François*. 560.

En 562, elle tomba dans la propriété de *Caribert*, fils de *Clotaire* I. & second *Roi de Paris*; ce ne fut que par sa mort, arrivée en 562.

566, qu'elle paſſa ſous la puiſſance de *Chilpéric* I, deuxième Roi de *Soiſſons*.

573. *Sigebert* I, autre fils de *Clotaire* I, & Roi d'*Auſtraſie*, première diviſion de la *France*, s'en empara en 573.

575. En 575, *Théodebert*, fils de *Chilpéric* I, la reprit ſur *Sigebert* ſon oncle; & à la mort de

584. *Chilpéric*, en 584, *Clotaire* II ſon fils, l'ayant héritée, la réunit à ſon Etat.

622. Devenu le maitre abſolu des deux parties de la *France*, *Clotaire* II donna la *Neuſtrie* en 622 à *Dagobert* I, ſon fils aîné; & à la mort de celui-ci, qui arriva en 644, elle paſſa à

644. *Clovis* II, ſon ſecond fils.

656. En 656 *Clotaire* III, fils aîné de *Clovis* II,

670. l'obtint; en 670, elle paſſa à *Dagobert* II, fils de *Sigebert* II, & Roi d'*Auſtraſie*: enfin elle advint à *Thiéry* III, ſon fils puîné, qui régna ſeul à ſon tour ſur tous les *François*.

Depuis lors le Royaume de *France*, ne recevant plus de diviſion à la mort de ſes Princes, *Céſar-bourg* ſe trouva toujours une ville de la *Neuſtrie*, ſous le Gouvernement général de la *France*.

800. Vers l'an 800, le *Comte* ou *Sénieur* de *Céſar-bourg*, qui avoit converti ce titre de *Sénieur*

en celui de *Seigneur*, s'arrogea tous les droits d'un Souverain.

Ce fut approchant vers ce temps, que l'un de ces *Seigneurs* fit bâtir une *Abbaye* dans les environs de son château, qu'il établit des *Prêtres séculiers* pour la desservir.

Pendant l'année 851 & les suivantes, des *Aventuriers Scandinaves*, ayant pour Chefs des Princes, nommés *Hasting* & *Bier*, débarquèrent en *Neustrie*, y vinrent mettre tout à feu & à sang, & en emporter des dépouilles considérables. *César-bourg* & ses environs ne furent point épargnés de leurs désolations : cette petite ville & son voisinage furent également pillés, brûlés & dépeuplés. 851.

En 912, la *Neustrie* fut rétrécie ; une partie, qui fut érigée en *Duché*, passa à *Rollon* ou à *Robert* I, Chef de *Danois* de la *Scandivanie* ; & par cette cession, que lui fit *Charles-le-Simple*, Roi de *France*, on obtint la paix, & l'on sauva le reste du pays de la puissance du Conquérant. Ce fut alors que *César-bourg* devint une ville de ce qui fut appellé la *Normandie*. 912.

Pendant la minorité de *Richard* I, fils de *Guillaume* I, & le petit-fils de *Rollon*, c'est-à-dire, en 947, *Louis-d'Outremer*, Roi de 947.

France, voulut réunir la *Normandie* à son Etat; il exigeoit cette réunion au préjudice du jeune *Duc Richard*, l'héritier de la Couronne Ducale. Pour faire échouer les dispositions de Louis, *Bernard le Danois*, surnommé alors d'*Harcourt*, qui étoit Régent du Duché, appella *Haraldon-Aigrol* VII, Roi de *Danemark* à son secours. Ce Prince vint débarquer à *César-bourg*; & avec son armée & celle des *Normands*, *Harcourt* réussit bientôt dans ses vues : la *Normandie* fut maintenue en *Duché* sous la vassalité *Françoise*.

1003. Le Duc *Richard* II, fils de *Richard* I, qui régnoit en 1003 sur les *Normands*, ayant eu des démêlés avec *Ethelred* II, Roi d'*Angleterre*, son beau-frère, ces Princes en vinrent à une guerre ouverte ensemble. L'armée *Angloise* débarqua à *Barfleur*, entra dans le *Cotantin*, & se disposa à le ravager; mais *Martel du Licange* & *Hue du Filet*, Chefs des *Bourgeois* de *César-bourg*, vinrent attaquer les *Anglois* avec les autres *Coutentinois*, & les défirent : ce qui resta eut à peine le temps de se rembarquer.

1026. *Richard* III, héritier de la *Normandie*, après son père *Richard* II, fit augmenter les fortifications de la forteresse de *César-bourg* en 1026. Ce *Duc* vouloit mettre cette place, à laquelle on donna alors le nom de *Château*; à l'abri des insultes des *Anglois*, & comme ces augmentations d'ouvrages avoient employé beaucoup de monnoie, *Richard* III lui donna le nom de *Cherbourg*; ce fut celui que ce lieu retint depuis.

En 1034, pendant le voyage du *Duc Robert* II, fils de *Richard* II, pour la *Terre-Sainte* (1), le *Comte* ou le *Seigneur de Cherbourg*, s'erigea en despote; il ne voulut plus recevoir d'ordres du *Gouvernement Ducal*. 1034.

Une famine horrible survint dans le pays en 1036, 37, 38 & 39. Ceux qui échappèrent à ses ravages, étoient contraints de s'alimenter des corps des morts, & comme cette subsistance se trouvoit insuffisante, les indigents massacroient les personnes qu'ils rencontroient, pour assouvir leur faim. 1036. 37. 38. 39.

Ce fut en 1050, que le *Duc Guillaume* II, surnommé le *Bâtard*, fils naturel de *Robert* II, devint le bienfaiteur de l'*Hôtel-Dieu de Cherbourg*, avec la *Duchesse Malthide* son épouse; se trouvant en cette ville, ils aumônèrent ensemble à l'Hôpital, des biens dont les revenus 1050.

---

(1) Ce *Prince* avoit succédé au Duché en 1028, par la mort de *Richard* II son frère aîné.

suffisoient pour alimenter & entretenir vingt-cinq pauvres aveugles.

Monger, Archevêque de Rouen, & l'oncle de *Guillaume* II, ayant été dépoſédé au Concile de
1055. *Lixieux*, de 1055, fut relégué en l'Iſle de *Guerneſay*. S'étant ennuyé de cette triſte retraite, après un certain tems, & s'étant mis en mer, y tomba & périt au lieu dit *Vinchant* ; ſon corps ayant été trouvé parmi des rochers, fut porté & inhumé à *Cherbourg*.

1087. En 1087, *Gerberot, Comte, Seigneur* de *Cherbourg*, ſe révolta contre le *Duc-Roi d'Angleterre* alors. Comme ce *Prince* le voulut faire arrêter, il ſe ſauva adroitement en *France*, & ſe retira à la Cour du *Roi Philippe* qui l'accueillit ; mais il perdit *Cherbourg*. Cette Seigneurie fut confiſquée, & le *Duc-Roi* en annonça ſur le champ une partie ſous le nom de *Fief & Seigneurie de Lardier*, au *Prieur* de l'*Hôtel Dieu*.

Non-ſeulement ce *Religieux Auguſtin* devint le Seigneur de *Cherbourg*, mais il obtint en même tems le *commandement des Bourgeois*, aſſujettis depuis long tems à la *garde du Château*.

1110. *Henri* I, *Duc & Roi d'Angleterre*, après ſon père *Guillaume* II, vint viſiter *Cherbourg* en 1110 avec un grand cortège.

Cette Ville & son Château soutinrent un siège en 1137. C'étoit *Etienne*, *Comte de Boulogne*, qui l'attaquoit ; il vouloit se maintenir les *Couronnes Ducales & Royales*, à cause de son fils descendu d'*Alix*, sœur de *Henri I*, au préjudice de l'*Impératrice Malthide*, la fille & l'héritière du *Prince Henri* ; mais les habitans de *Cherbourg* ne la rendirent qu'à la plus grande extrémité.

1137.

Godefroi, *Comte d'Anjou*, époux de *Malthide*, vint le reprendre en 1143 ; & cette Princesse ayant débarqué en cette Ville, pour le joindre, fit bâtir à son arrivée une *Chapelle* dans ses environs, & elle la dédia à la *Vierge*, sous l'invocation de *Notre-Dame du Vœu*.

1143.

Malthide ne borna pas ses œuvres pies à cet édifice ; elle augmenta les revenus de l'*Abbaye* ; & ce fut cette aumône qui fit dire que cette *Princesse* l'avoit fondée.

Alguaire, Evêque de *Coutances*, substitua des *Chanoines* aux *Prêtres séculiers* qui s'y trouvoient depuis le neuvième siècle, dans cette maison ; il les fit venir de l'*Abbaye de Ste. Barbe en Auge*.

Pendant une partie de l'*Avent* & les *Fêtes de Noël* de l'année 1163, *Henri II*, Roi d'Angleterre & Duc de Normandie, fils de *Malthide*,

1163.

vint habiter *Cherbourg* ; il étoit accompagné de la *Reine Eléonore* son épouse.

1174. En 1174 *Guillaume* I, dit *le Lion*, *Roi d'Ecosse*, vint rendre hommage à ce *Prince*.

1203. Dans l'année 1203, *Philippe*, dit *Auguste*, *Roi de France*, s'empara de la ville de *Cherbourg*, se rendit ensuite sous les murs du Château, assiégea cette Place, & la prit sur *Jean-sans-terre*, le dernier Duc de Normandie du sang Danois.

1207. En 1207, *Philippe* accorda un privilège aux *Bourgeois* qui défendirent cette Forteresse pour lui : il leur permit d'entreprendre le *Commerce d'Irlande* avec la seule ville de *Rouen*.

Les *Anglois* s'appercevant que la ville de *Cherbourg* leur étoit préjudiciable, s'en vinrent 1295. la surprendre en 1295. Peu satisfaits de leur heureuse entreprise, ils la ravagèrent ainsi que ses environs ; ils y mirent le feu après l'avoir entiérement pillée ; & les *Bourgeois* s'étant retirés dans le Château, conservèrent cette Place forte à la *France*.

1300. *Philippe-le-Bel*, *Roi des François*, sensible aux grandes pertes que l'*Abbaye* & l'*Hôtel-Dieu* de *Cherbourg* avoient souffert, s'empressa de les en dédommager ; & pour éviter à la Ville une nouvelle surprise, il la fit ceindre de murailles fort élevées & fort épaisses. Cet ouvrage fut commencé en 1300.

Philippe V, dit *le Long*, confirma les privilèges de l'*Hôtel-Dieu* en 1320. 1320.

En 1346, les *Anglois* revinrent débarquer 1346. sous *Cherbourg*, investirent cette Place, & l'assiégèrent sans succès. Les *Bourgeois* qui la défendoient, en firent lever le siège.

Cherbourg fut cédé en 1352 par *Jean-le-* 1352. *Bon*, *Roi de France*, à *Charles d'Evreux*, dit *le Mauvais*, *Roi de Navarre* & *son gendre*. Ce Prince l'obtint à *titre de vassalité de la Couronne Françoise*.

En 1355, il vint débarquer avec dix mille 1355. hommes, & ravagea avec eux tout le pays *Normand* qu'on ne lui avoit pas donné.

Les Officiers du *Roi de Navarre* qui défendoient *Cherbourg*, ayant désobéi à *Jean-le-Bon*, il fut signé un traité de pacification à *Valogne* en cette année 1355, par les Députés des deux *Rois* : il fut convenu, art. I, que *Cherbourg* demeureroit sous la souveraineté du *Roi de France*, que ce *Roi* y pourroit placer un Officier pour le représenter, jusqu'à ce que le *Commandant* qui y seroit de la part du *Roi de Navarre*, lui eût rendu les devoirs de vassalité en personne.

Cet accord n'eut point une longue exécution; *Charles-le-Mauvais*, devenu rebelle une seconde fois envers la *France*, *Jean-le-Bon* fut 1356. contraint de faire assiéger *Cherbourg* en 1356, & ce ne fut qu'après la plus vigoureuse défense, que l'on parvint à s'en emparer & à la retirer des mains du *Navarrois*.

1357. En 1357, *Charles Dauphin*, *Duc de Normandie* & *Regent du Royaume*, pendant la captivité de *Jean* son père en Angleterre, la remit entre les mains du *Roi de Navarre*. Les Partisans de *Charles-le-Mauvais* venoient de le faire sortir adroitement de la prison d'*Arleux en Artois*, où le *Roi Jean* l'avoit fait placer.

Charles-le-Mauvais étant libre, ordonna l'augmentation des fortifications de *Cherbourg*, & l'on y travailla.

1359. En 1359, se trouvant mécontent de la conduite des *Moines de l'Abbaye* envers lui, il fit détruire leur *Eglise*.

Les hostilités que commettoient les *Anglois* 1360. rentrés en *France* en 1360, se trouvoient à peine terminées par le Traité de *Brétigny*, du 8 Mai de cette année, Traité confirmé par le *Roi de Navarre*, le 12 Décembre, qu'il s'éleva une nouvelle querelle entre *Charles-le-Mauvais*

&

& *Charles* V, fils de *Jean-le-Bon*, qui venoit de régner en *France*.

Le *Navarrois* avoit exigé en 1364, la restitution du *Duché de Bourgogne*, que *Charles* V détenoit, & ce ne fut qu'après bien des victoires, que *Bertrand Duguesclin* remporta sur les *Navarrois*, que survint la paix de 1370, avec *Charles-le-Mauvais*: *Cherbourg* demeura sous son obéissance.

1364.

Approchant vers ce tems, *Pierre de Lusignan*, *Roi de Chypre*, débarqua à *Cherbourg*.

Comme la guerre s'étoit rallumée également vers cette année 1370, entre l'*Angleterre* & la *France*, le *Roi de Navarre* dont l'esprit étoit très-remuant, voulut profiter de ce nouveau trouble; il farcit *Cherbourg* d'une garnison considérable, passa auprès d'*Edouard* III, & s'accorda avec ce *Roi des Anglois* pour attaquer la *Normandie*; mais l'événement de la victoire remportée par les *Normands* sur les *Anglois* qui venoient de l'accompagner jusqu'à *Cherbourg*, le firent changer de résolution ; il adopta la neutralité & s'y maintint.

1370.

Pendant tous ces troubles, il en étoit également survenu de civiles dans le Royaume. *Jacques de la Pippe* & *Robert Cranoles*, Chefs de partis en *Cotentin*, que l'on appelloit les

B

Tibauds, vinrent attaquer, prendre & ravager la ville de *Cherbourg*, son Château & les environs, & ces nouvelles querelles ne furent terminées que par le succès des armes des peuples qui étoient restés fideles à leur Souverain.

1366. En 1366, *Charles-le-Mauvais* voulant récompenser les Bourgeois de *Cherbourg* de leurs signalés services, les décora tous d'un ancien titre de Noblesse *Normande*; il les créa *Barons*, & les égala par-là aux principaux *Seigneurs du pays*.

Le *Roi de Navarre* revint à *Cherbourg* en
1369. 1369; il venoit de passer en *Bretagne*, où il avoit fait un Traité d'alliance avec le *Duc*.

1378. En 1378, il aliéna *Cherbourg* à *Richard* II, *Roi d'Angleterre*, pour 22,000 marcs d'argent, & s'en conserva la *Seigneurie*; *Jean de Haleston*, *Jean d'Arondel*, *Jean de Briolle* & *Jean Copeland* y commandoient les *Anglois*, qui vinrent occuper le Château; & les troupes de *Charles-le-Mauvais* restèrent dans la ville.

1379. Le *Connetable de France*, *Bertrand Duguesclin*, vint l'assiéger en 1379; elle se trouvoit alors défendue par des *Navarrois* & des *Anglois*, que *Charles-le-Mauvais* y commandoit; mais *Duguesclin* ne put la prendre, il fut contraint d'en lever le siège. Après plus de six mois d'attaques, *Olivier Duguesclin*, frère du *Connétable* fut fait prisonnier dans une sortie : il manquoit aux *François* une armée navale pour l'attaquer du côté de la mer, & s'opposer aux rafraîchissemens que recevoient par-là les assiégés.

Parmi les *Seigneurs François* qui se trouvèrent à ce siège, & qui y périrent, on remarqua les *Comtes* de *Dunois* & de *S. Paul*.

Quelque fut l'abondance des vivres que les *Anglois* & les *Navarrois* reçurent par mer pendant le siège, cependant ils s'en trouvèrent dépourvus un instant après la retraite des assaillans. Les *François* avoient ravagé les environs de la Ville en levant leur camp, & il fut question de procurer une subsistance à la garnison & aux *Bourgeois qui en manquoient*.

Non loin de *Cherbourg* se trouvoit un *moulin* où les *François* en détenoient en abondance. Les *Anglois* ayant eu connoissance de cet entrepôt, mirent *Jean de Harleston* à leur tête, s'y transportèrent, & ayant attaqué les *François*, ils les battirent ; mais en remportant leurs dépouilles à *Cherbourg* après leur victoire, ils se trouvèrent une nouvelle fois en prise avec les *François*, & le succès ayant chancelé fort long-tems, se décida tout-à-fait en faveur des premiers vainqueurs. Pendant le premier combat, *Jean de Harleston* avoit été dangereusement blessé.

En cette même année 1379, il se faisoit de tems en tems diverses escarmouches entre les *Anglois* de *Cherbourg* & les *François* des garnisons *de Valognes*, de *S. Sauveur*, &c. les succès étoient divers (*a*). Le 4 Juillet entr'autres, il se passa une nouvelle action entre les *Anglois* de *Cherbourg* & les *François* de *Valognes*; ce fut au lieu nommé *Patoy-des-bois*, au-delà de la forêt de cette dernière Ville ; les *Anglois*, commandés par *Harleston*, y furent encore heureux, quoiqu'en beaucoup plus petit nombre que les *François*. *Desbordes*, *Gouverneur du Cotentin* pour la *France*, fut pris dans la mêlée & conduit prisonnier à *Cherbourg*.

1394. L'une des principales conditions du Traité de Mariage d'*Isabelle de France*, fille de *Charles* VI, avec *Richard* II, Roi d'*Angleterre*, en 1394, porte le rachat de *Cherbourg* des mains des *Anglois*. Cet accord ne fut fait qu'à leur plus grand regret.

1397. En 1397 le Conseil de *Charles* VI, refusa la restitution de *Cherbourg* à *Martin de Salva*, Evêque de *Pampelune*. Ce Prélat venoit la demander au nom de *Charles* III, fils & succes-

seur de *Charles-le-Mauvais*, sur le Trône de
Navarre, & ce ne fut qu'en 1404, que la 1404.
France abandonna à ce Prince l'ancien Duché
de *Nemours*, après l'avoir augmenté de revenus, & l'avoir érigé en *Pairie*.

Vers l'an 1412, les *Bourgeois de Cherbourg* 1412.
jettèrent les fondemens d'une nouvelle *Eglise*
paroissiale ; mais les ouvrages en furent interrompus presqu'aussi-tôt par la guerre : on ne les
continua & finit qu'en 1423.

Cherbourg fut atttaqué en 1418 par le Duc 1418.
de *Glocestre*, frère du Roi d'*Angleterre* ; ce
Prince étoit secondé d'une armée de 5000
hommes, & si cette Ville fut livrée aux *Anglois* après une résistance de trois mois, ce
ne fut que par la lâcheté du Gouverneur
François qui la défendoit.

Vers 1420, Henri V, Roi d'*Angleterre*, 1420.
vint à *Cherbourg*.

En 1423, pendant que les *Anglois* possé- 1423.
doient cette Ville, les *Bourgeois* achevèrent,
avec leur secours, la construction de leur *nouvelle Eglise paroissiale*.

Par le Traité d'*Arras* de 1435, l'*Angleterre*
fut maintenue dans la propriété de cette Place,
& elle la posséda jusqu'à 1450.

Au mois de Mars de l'année 1435, un corps 1435.

B 3

de fa garnifon, joint à 3000 *Anglois* que *Thomas Kiriel* venoit d'y débarquer, fut affiéger & prendre *Valogne*.

Enfin *Cherbourg* fut la dernière Place qui demeura à *Henri* VI, Roi des *Anglois*, après leur défaite totale dans le champ de *Formigny* en *Beffin*, le 15 Avril 1450. *Charles* VII, dit *le Victorieux*, les en chaffa le 12 Août de la même année (*b*). La Ville & le Château étoient défendus par 2000 guerriers *Anglois*, les plus déterminés ; & lorfque cette Place capitula, fes braves défenfeurs n'obtinrent du Roi de *France*, leur Conquérant, que deux jours pour plier bagage, s'embarquer, & mettre à la voile.

1450.

A la fortie des *Anglois* de *Cherbourg*, *Charles* VII garnit cette Place de quatre-vingt *lances* & d'un grand nombre d'*Archers Françʼois* ; les *Bourgeois* s'y joignirent. Ce fut-là fort long-tems toute fa garnifon.

Pendant la durée de la paix qui fuivit l'entière expulfion des *Anglois* de la *France*, fes Rois augmentèrent & entretinrent fucceffivement les réparations de *Cherbourg* : ils y firent conftruire entr'autres, du côté de la *mer*, cette fameufe tour que l'on y voit encore, & qui pouvoit contenir alors dix-fept pièces de canons;

c'eſt elle que l'on nomme aujourd'hui *la tour des Sarraſins*.

En 1464, l'*Egliſe de l'Abbaye* fut rebâtie, & *Louis* XI, Roi de *France*, exempta les Bourgeois de *Cherbourg* de la *Taille*, des *Aides*, du *Quart*, & des autres *impoſitions* miſes & à mettre. Toutes ces faveurs leur furent accordées en conſidération de leur continuel ſervice militaire. 1464.

Charles de France, frère de *Louis* XI, obtenant la *Normandie* pour *appanage* au mois de Mai 1467, devint *propriétaire de Cherbourg* qui en eſt une ville. Mais en 1469, le *Roi* réconnoiſſant toute l'importance de cette Province, à cauſe de ſon voiſinage de l'*Angleterre*, l'échangea avec *Charles* : il lui remit la *Guyenne* en ſa place. *Cherbourg*, qui repaſſoit ſous la puiſſance directe du *Roi*, par le Traité, fut ce qui le détermina le plus. 1467. 1469.

Environ l'an 1480, *Marguerite, fille de René* Roi de *Naples*, & épouſe de *Henri* VI, Roi d'*Angleterre*, rachetée de la priſon par *Louis* XI, ſe rendit à *Cherbourg*. 1480.

En 1483, *Charles* VIII, Roi de *France*, confirma aux *Bourgeois* de cette Ville tous les privilèges qu'ils avoient obtenus de *Louis* XI. *Louis* XII les leur maintint également en 1498. 1483. 1498.

B 4

1504. La *Peste* les vint désoler en 1504, & la
1517. majeure partie en périt. En 1517 les maux de
ce cruel fléau continuèrent leurs ravages.

1519. Pendant les années 1519 & 1520, *Fran-*
1520. *çois* I, Roi de *France*, confirma les anciens
privilèges des *Bourgeois* de *Cherbourg*.

1532. Le 28 Avril 1532, Ce *Prince* vint visiter
leur Ville avec une suite nombreuse. Il y fut
reçu avec beaucoup de satisfaction, de pompe,
& de magnificence, & logea dans le *Château*.
Pendant les trois jours qu'il se trouva à *Cher-*
bourg, il s'empressa de le parcourir ainsi que ses
environs (3).

Ce fut alors que ce *Roi*, après avoir confirmé
le privilège des habitans, leur octroya la décharge du droit de *subvention* que l'on exigeoit
sur leur *boisson*.

1547. En 1547 *Henri* II leur maintint toutes leurs
exemptions.

1554. La *contagion* revint régner en 1554 à *Cher-*
bourg ; elle ne finit son ravage que l'année suivante.

1561. Durant l'année 1561, l'illustre *Jacques de*
Matignon, Lieutenant-Général du Roi en Normandie, envoya un Mémoire au *Conseil de*
Régence de Charles IX, qui se trouvoit alors
dans un état de frénésie affreuse. Ce Général y

sollicitoit les réparations des fortifications de *Cherbourg* ; il en avoit senti toute l'utilité pour se défendre contre les insultes que pouvoient faire les *Anglois* ; mais les guerres de Religion qui survinrent dans le pays, empêchèrent sans doute que l'on fît droit sur sa demande.

Montgommeri, l'un des Chefs des *Huguenots*, se disposa à l'afliéger en 1562 : ce *Seigneur* vouloit se favoriser par cette Ville l'entrée des secours d'hommes & d'argent qu'on lui envoyoit d'*Angleterre* ; mais ses démarches n'eurent point heureusement de succès : *Matignon* le força, presqu'aussi-tôt de diriger ailleurs ses vues. 1562.

Ce fut également envain, qu'au mois de Juillet de l'année 1562, ce *Duc de Bullion*, d'un parti opposé à *Matignon*, sans adopter pour cela celui de *Montgommeri*, vint pour s'emparer de *Cherbourg* : *Matignon* le fit pareillement reculer de ses murs. 1562.

Charles IX, *Roi de France* approuva à son tour en 1562, tous les avantages qu'avoient reçus les *Bourgeois de Cherbourg* de ses prédécesseurs ; en même tems il loua beaucoup leurs actions héroïques journalières.

Ce *Prince* fit diviser la *Milice Bourgeoise*

1563. de cette ville en 1563. Ses habitans composèrent alors quatre Compagnies, & chacune d'elles eut un Capitaine; au paravant il n'y avoit qu'un seul Chef pour commander le tout. Leur devise fut *semper sui conservatrix*.

Pendant cette année 1563, un *Gentilhomme de Cotentin*, nommé *Pierrepont*, s'étoit rebellé contre le *Roi*; étant venu auprès de *Cherbourg*, & ayant caché des troupes dans les environs pour surprendre cette ville, *Matignon* qui l'observoit, s'étant apperçu de la ruse, fit sortir une partie de sa garnison, le fit charger, le prit à la tête de tout son monde & l'amena à *Cherbourg*; mais comme il avoit été blessé pendant l'action, il mourut bientôt de ses blessures.

1574. En 1574, le *Maréchal de Matignon* fit ajouter beaucoup de fortifications au cordon de la ville; il en fit autant à celles du dehors. De tous les ouvrages qu'il fit construire, le plus remarquable fut le *bastion de S. François*, du côté du fauxbourg. Il étoit tems de songer à fortifier *Cherbourg*; *Montgommeri* revenoit à la charge; il étoit secondé d'un gros Corps d'*Anglois*: avec ce renfort il investit effectivement cette ville & se disposa pour l'assiéger; mais ayant reconnu l'état de défense de cette Place, il se contenta de piller l'*Abbaye* qui se trouve au dehors, de mettre le feu dans l'*Eglise* de cette maison, à la *Chaire de l'Officiant*, & il s'en retourna, bien satisfait de n'avoir point entammé son siège : ce fut ainsi que par deux fois assez consécutives, le *Général Matignon* sçut sauver *Cherbourg* des insultes de *Montgommeri*.

La valeur signalée des Habitans leur mérita de *Henri* III, *Roi de France*, en 1576, une nouvelle confirmation de toutes leurs exemptions.

1576.

Le *Dimanche des Rameaux* de l'année 1590, des *François rebelles*, au nombre de 600, commandés par *Dutourp*, tentèrent de surprendre encore *Cherbourg*. Pour réussir dans leurs vues, ils avoient saisi l'instant que se faisoit la procession ; mais les Habitans informés de leurs desseins, au lieu d'assister à cette cérémonie pieuse, sortirent au contraire armés de la ville, vinrent attaquer les assaillans & les défirent. *Dutourp*, leur Chef, fut tué, & sa tête fut apportée & placée sur la porte de la Ville.

1590.

C'est encore en mémoire de cette action valeureuse que chaque année il est fait une procession la veille des *Rameaux* à l'entour de *Cherbourg*.

Le *Grand Roi Henri* IV ne fut pas moins

satisfait des services militaires des *Bourgeois de Cherbourg* que ses augustes prédécesseurs. Ce *Prince* leur fit expédier des *Lettres-Patentes* qui maintenoient leurs privilèges, & toutes ces faveurs furent toujours accordées à cause de leurs belles actions héroïques.

1597.
1621.
22.
23. La *Peste*, ce fléau si terrible de l'humanité, revint encore affliger *Cherbourg* en 1597, 1621, 1622 & 1623; elle ne cessa qu'en 1624.

1613.
1634. Nouvelle ratification des privilèges de cette Ville, par *Louis XIII*, *Roi de France*, en 1613 & 1634.

Comme le *Seigneur de Tour-la-Ville*, Paroisse voisine de *Cherbourg*, y avoit fondé en 1623, un Monastère de Bénédictines, que la *Peste* ravageoit alors la Ville; ces Religieuses furent contraintes d'en sortir, & elles se retirerent & s'établirent à *Valogne*; c'est aujourd'hui une *Abbaye*.

1649. En 1649, les *Habitans de Cherbourg* ayant à leur tête *la Cailliere*, *Lieutenant de Roi*, *natif de leur Ville*, vinrent mettre le siège devant *Valogne*. Les *Bourgeois* s'y étoient révoltés; il ne falut pas beaucoup de tems à ceux de *Cherbourg* pour emporter le *Château* & les soumettre.

Dix ans après l'heureux événement de *Louis*

XIV, sur le trône de la *France*, c'est-à-dire; en 1653, ce *Prince* ratifia à son tour tous les privilèges de *Cherbourg*. 1653.

En l'année 1666, on établit dans les environs de cette Ville, une Manufacture de glaces; les ouvrages surpassèrent bientôt, en beauté & en solidité, toutes les fabrications de *Venise*, d'où les ouvriers sortoient. 1666.

Pendant l'année 1678, *Louis* XIV confirma de nouveau les franchises & libertés des *Bourgeois de Cherbourg*. 1678.

En 1687, le *Prince* décida de faire construire un *Port* en cette Ville, beaucoup plus étendu que l'ancien; il se disposa également à faire ajouter des fortifications à celles qui subsistoient à l'entour de la Ville. Ce plan en avoit été dressé sur les mémoires du célèbre de *Vauban*. Cet ingénieux Artiste s'étoit rendu sur les lieux pour les diriger: on jetta les fondemens de tous ces grands ouvrages en 1688, mais un instant après on les discontinua. 1687. 1688.

Cette année 1688, l'on crut que les *Anglois* disposoient leurs armemens pour assiéger *Cherbourg*; dans cette persuasion on fit raser l'*Eglise paroissiale de S. Benoît-du-Château*, & l'on pratiqua une *Place d'Armes* sur son emplacement.

Jacques II, Roi d'Angleterre, ayant été obligé de fuir de son Royaume en 1688, par la suite de la sédition qui s'y étoit élevée, ce *Prince* vint débarquer à *Cherbourg*, y séjourna huit jours & reçut beaucoup de consolation de la part des Habitans.

1689. En 1689, le *Gouvernement François* fit démolir le *Château* & les fortifications de l'enceinte de la Ville, l'on y comprit toutes celles que l'on avoit commencé d'ajouter en 1688.

Les *Habitans de Cherbourg* voulant continuer de se conserver leur Ville, firent construire le
1690. *Fort de Galay* en 1690. Cet ouvrage fut fait de leur propre mouvement & à leurs frais : on voit encore cette forteresse, elle défend l'entrée des *jettées du Port*.

1692. Le 30 Mai 1692, le lendemain du fameux combat qui fut donné à la *Hougue*, plage de la presqu'*Isle Contentinoise*, où le *Grand Tourville* donna les plus belles preuves de ses expériences & de sa bravoure en attaquant l'armée *Angloise*, où cet habile *Général* se couvrit de tant de lauriers & de gloire : ce *Vice-Amiral* fut contraint de chercher un asyle dans l'*Abbaye de Cherbourg*. Ses vaisseaux inférieurs en nombre à ceux des *Anglois*, s'étoient séparés par les effets d'un brouillard le plus épais.

Comme l'*anse de Cherbourg* ne se trouvoit point encore défendue à ses deux pointes, les *Anglois* y entrèrent facilement & tentèrent de brûler le peu de vaisseaux qui avoient suivi *Tourville*; mais après un nouveau combat qui dura toute la journée, cet heureux *Général* les mit à l'abri des insultes, & ce ne fut que parce que le feu prit aux munitions de trois de ses vaisseaux, & qui les fit sauter, qu'il eût le malheur de les perdre. Les équipages ne périrent point, ils se sauvèrent facilement par le prompt secours des *Habitans de Cherbourg*. Un semblable événement ne fit que trop sentir de plus en plus toute l'importance de fortifier la rade de cette Ville: la nature en offroit elle-même toutes les facilités à l'art.

On crut en 1694, que les *Anglois* qui paroissoient sur la grande rade de *Cherbourg* venoient attaquer cette Ville; cependant ce n'étoit qu'une allarme; ils disparurent aussi-tôt. 1694.

Ayant augmenté leur flotte en 1695, ils retournèrent à la hauteur de *Cherbourg* & se disposèrent pour bombarder cette Place; mais leurs dispositions furent vaines, ils ne purent approcher de la Ville: contraints d'abandonner leur entreprise, ils levèrent l'ancre & s'en retournèrent. 1695.

(32)

1708. On eut d'autres allarmes de la part de soixante vaisseaux *Anglois* qui reparurent en Août & en Septembre 1708. Les troupes qui s'y trouvoient tentèrent une descente, & elle auroit été effectuée si les *Habitans de Cherbourg* ne s'y fussent vaillamment opposés.

1709. L'année suivante, une flotte de cent cinquante navires chargés de bled pour l'armée *Françoise* fut poursuivie par une armée navale *Angloise*, jusque dans l'*anse de Cherbourg*, où elle s'étoit refugiée; elle fut encore préservée par le courage & la valeur des *Bourgeois de la Ville*.

Ce nouvel événement rappella à la mémoire toute la nécessité de fortifier *Cherbourg* du côté de la mer & à l'embouchure de son ance.

174... En l'année 174..., sur les vives & instantes représentations du Sr. de *Caux*, *Directeur du Génie à Cherbourg*, par les ordres de *Louis XV*, par le conseil du *Cardinal de Fleury, premier Ministre*, & par les soins du brave *Maréchal d'Asfeld* qui commandoit alors dans la Province; il fut question de construire un nouveau *Port*, de pratiquer un *bassin* & de former des *jettées* qui l'eussent longé: on décida également de former des *quais* à l'avant-*Port*, un pont-tournant sur le canal du *Port* au *bassin*, une

écluse,

écluse, & une *chauffée* au-delà du *pont* fut *Tour-la-Ville*, avec quelques *fortifications* fur les bords de la plage qui devance le *Port*: l'entreprise en fut donnée pour 560,000 liv. on commença les ouvrages & ils furent achevés en 1741.

1741.

Au mois de Mars 1758, lorsqu'on apprit que les *Anglois* armoient, on fit pratiquer des *lignes* dans les lieux voisins de *Cherbourg*, où l'on craignoit des descentes. Le 2 Mai, l'*armée navale Angloise* vint effectivement mouiller près de l'*ance d'Urville* & la sondèrent; le 29 Juin ils s'approchèrent de la grande rade & s'y ancrèrent pendant deux jours, & ce furent-là toutes leurs opérations, car ayant appareillé le premier Juillet, ils retournèrent à *Ports-Mouth* d'où ils étoient sortis.

1758.

Le 5 Août ils revinrent mouiller sur la même rade qu'ils avoient quitté; le 6 ils firent tous les préparatifs pour une descente, se portèrent sur *Urville*, & voyant défiler les troupes *Françoises* en gardant leurs lignes, pour s'opposer à leur descente, ils rangèrent pour lors leurs vaisseaux par le travers, & à la faveur d'un feu terrible de leurs canons sur les *François*, ils débarquèrent environ 500 hommes ; & dès

C

que tout ce monde fut à terre, il s'empara des hauteurs (*d*).

Les *François* s'étant retirés de leurs lignes & de la Ville le 8, les *Anglois* entrèrent facilement dans la Place vers les huit heures du foir & l'occupèrent ; ils y reſtèrent pendant huit jours, & pendant ce tems ils detruiſirent & comblèrent le *Port*, renverſèrent les *jettées*, caſſèrent l'*écluſe* & le *pont-tournant*, brûlèrent trente-deux *navires marchands* qui ſe trouvoient dans le *baſſin*, minèrent & contre-minèrent quelques *forts*, conſommèrent ou embarquèrent les munitions & les proviſions des magaſins, exigèrent & reçurent une contribution de 44,000 liv. des Habitans, enlevèrent les *canons* & les *cloches de l'Abbaye* : enfin ; le huitième jour ils reſtèrent dans leurs vaiſſeaux & remirent à la voile pour l'*Angleterre*.

1769. En l'année 1769, le *Miniſtère de la Finance* s'occupa de faire travailler à la reconſtruction du *Port de Cherbourg* pour favoriſer le ſervice des Commerçans ; il fit élargir les *quais du Port*, rétablir l'*écluſe*, creuſer un nouveau *baſſin*, placer un *pont-tournant* ſur ſon canal qui conduit au *Port*, diriger un nouveau canal pour la rivière d'*Ivette*, conſtruire le grand chemin de *Valogne*, & pratiquer de nouvelles chauſſées pour accéder à *Cherbourg* par le *pont-tournant* & par le bout méridional du *baſſin* (*e*). L'Egliſe & le *pont-tournant* furent achevés & placés en 1774.

Pendant l'année 1777, deux vaiſſeaux de guerre *Anglois* entrèrent dans l'anſe de *Cherbourg*; ils inſultèrent les vaiſſeaux François qui s'y trouvoient mouillés; cette trop grande témérité, jointe à tant d'autres motifs auſſi puiſſants, déterminèrent bientôt des repréſentations de la part du Sr. de *Caux*, fils du précédent, & *Directeur du Génie* comme lui. D'après ſes obſervations, & ſur l'avis favorable que le Roi *Louis XVI*, reçut en 1781 du *Prince de Condé* (1), de ſes *Miniſtres de la guerre* & *de la Marine*, & de ſes autres *Commiſſaires* envoyés ſucceſſivement à *Cherbourg*, S. M. rejetta le plan de pratiquer un *Port Royal* à la *Hogue*, qu'on lui préſentoit auſſi; elle ſe décida par préférence pour le placer à *Cherbourg*. Ce fut alors (en 1782) que l'on fortifia les deux extrémités de l'entrée de la petite rade de la Ville, que l'on commença par conſtruire un *fort* ſur l'*Iſle Pelée*, une *Citadelle* auprès de cette *Iſle*, un

1777.

1781.

1782.

---

(1) Le Duc de *Bourbon* accompagnoit ſon père.

autre *fort* & une *Citadelle* à l'endroit appellé le *Hommet*, & que l'on augmenta le *fort de Ste. Anne*.

1783. Plus tard l'on jetta les fondemens d'un *môle* au centre de ces *Citadelles* pour y asseoir des forteresses auprès des passages, & au moyen de ces trois constructions, toute l'entrée de l'anse se trouvera entièrement défendue.

Pour former & consolider l'*Isle artificielle* où se trouveront les forteresses centrales, on enfonce des *tours de bois* d'une figure *conique*, dont la hauteur est de quatre-vingt pieds, le diamètre du bas de même étendue, & celui du haut de quarante. Chacun de ces *cônes* a sa superficie qui dépasse la surface de la mer, en son plus haut état de flux de quinze à vingt pieds; on remplit & l'on entoure ces *cônes* de pierres, & ces matériaux sont puisés dans les montagnes voisines (*celles du Becquet, de Danneville & du Roule*).

1786. En 1786 le 22 Mai, le *Comte d'Artois* fut envoyé par le *Roi* son frère à *Cherbourg*; c'étoit pour inspecter tous les ouvrages. Les Habitans reçurent le *Prince* avec des acclamations de la plus grande joie, & s'il n'en partit qu'au bout de trois jours, ce ne fut qu'avec tous les regrets de ne pouvoir le posséder plus long-tems.

Louis XVI crut devoir de suite imiter l'exemple d'aucuns de ses Augustes Prédécesseurs ; on veut parler de *Philippe Auguste*, de *Philippe IV* dit *Le-Bel*, & de *François I:* comme ces anciens *Rois de France*, S. M. a bien voulu se rendre à *Cherbourg*; elle y arriva le 22 Juin 1786, elle y fut reçue avec les plus vives expressions d'allégresse & de reconnoissance de la part de la *Bourgeoisie* & de l'immensité des Peuples du voisinage (*f*) qui y étoient accourus.

LISTE DES ROIS, DES REINES ET DES PRINCES

Qui ont honoré *Cherbourg* de leur préfence.

Noms des Princes.	Leur qualité.	Époque de leur préfence.
Harald ou Aigrold VII,	Roi de Danemark,	en 947.
Guillaume le Conquérant,	Duc de Normandie,	1050.
Mathilde fon époufe,	Duchefle de Normandie,	
Henri I,	Duc de Norm. & Roi d'Ang.	1110.
Etienne,	Duc de Norm. & Roi d'Angl.	1137.
Gofroi,	Comte d'Anjou,	1143.
Mathilde, Impér. fon époufe,	Duchefle de Norm. & Reine d'Angleterre,	
Henri II,	Duc de Norm. & Roi d'Argl.	1163.
Elionore fon époufe,	Duchefle de Norm. & Reine d'Angleterre,	
Jean-fans terre,	Duc de Norm. & Roi d'Angl.	1203.
Philippe II, dit Augufte,	Roi de France,	1203.
Philippe IV, dit le-Bel,	Roi de France,	1300.
Charles d'Evreux, dit le-Mauvais,	Roi de Navarre.	1355. 1357. 1359.
Pierre de Lufignan,	Roi de Chypre,	1370.
Le frère de Henri V Roi d'Angleterre,	Duc de Gloceftre,	1418.
Henri V,	Roi d'Angleterre,	1420.
Marguerite d'Anjou,	Reine d'Angleterre,	1450.
François I,	Roi de France,	1532.
Le Dauphin fon fils	. . . .	
Jacques II,	Roi d'Angleterre	1688.
Fils du Roi d'Angleterre,	. . . .	1751.
Louis-Jofeph de Bourbon,	Prince de Condé,	1781.
Louis-Henri-Jofeph fon fils,	Duc de Bourbon,	
Charles-Philippe de France,	Comte d'Artois frère du Roi,	1786.
LOUIS XVI,	Roi de France,	

NOTES

De l'Histoire sommaire de Cherbourg.

(*a*) Soit pendant les différentes escarmouches, soit Page 20. pendant les tentatives que firent les *François* sur *Cherbourg*, toujours est-il certain que la *France* perdit encore beaucoup de *braves Chevaliers*.

On trouve entr'autres, que *Pregent de Coëtivy, Seigneur de Retz en Bretagne & Amiral de France, & Tudval, Bailli de Troyes*, y perdirent la vie, qu'ils sont inhumés au-dessous de la *Chapelle de S. Sauveur lez-Cherbourg*, où il est des croix.

(*b*) La reddition de *Cherbourg* causa une joie in- Page 22. croyable au *Cottentin*, & le jour en fut consacré à une fête d'actions de graces: c'est encore en mémoire d'un si grand avantage que la *Cathédrale de Coutances* fait tous les ans, le 12 Août, une Procession solemnelle & générale.

(*c*) La *Bourgeoisie* qui étoit sous les armes avec Page 24. les quatre-vingt Archers de la garnison du Château, l'artillerie de la Ville & du Château, que l'on avoit placé à l'entrée du fauxbourg de la porte de *Valogne*, annoncèrent son arrivée par trois décharges de mousqueterie & de canons.

Le Roi trouva ensuite le *Clergé de Cherbourg*, celui des *Paroisses voisines*, & les *Chanoines Reguliers de l'Abbaye* qui étoient en surplis, les *Confières de Jesus & de Notre-Dame* avec leurs chaperons, le *Lieutenant*

Général de Police, le *Vicomte de Cherbourg*, les Officiers du *Bailliage de l'Abbaye*, ceux de l'*Amirauté* &
des *Traites-Foraines*.

Tous ces Corps Militaires & de Justice ayant reçu
le Roi, défilèrent à ses côtés pendant sa marche;
deux cents *Archers de sa garde*, cent *Gentilshommes
& Officiers de sa Maison* le précédèrent, & quatre
Ecuyers l'entouroient.

Le Roi monté sur un cheval très-richement har-
naché suivoit le *Dauphin* qui étoit accompagné du
Cardinal de Lorraine & de l'*Evêque de Bayonne*, & sa
marche étoit close par treize cents chevaux.

Parvenu à l'entrée de la porte de *Notre-Dame* de
la Ville, le *Gouverneur* qui avoit douze notables
Bourgeois à ses côtés, lui présenta les clefs de la
Place dans un plat d'argent, & lui fit un discours;
il exprima la joie qu'avoient les Peuples de le recevoir parmi eux, & il lui témoigna combien ils lui
étoient attachés & fidèles.

Le Roi continuant sa marche après le discours,
trouva entre les deux portes de la Ville les trois
Echevins & le *Trésorier de l'Eglise*, revêtus chacun de
longues robes de damas noir à parement de velours
cramoisi, qui portoient un dais de satin violet, brodé
en or & semé d'armes & de devises.

François I ayant descendu de cheval, & s'étant placé
sous ce poële, entra ainsi dans la Ville au bruit de
l'artillerie & au milieu des acclamations des Habitans.

Les rues du passage étoient ornées d'arcs de triom-
phe & jonchées de fleurs & de verdure.

L'on conduisit le Roi à l'Eglise paroissiale, où il
fut reçu & complimenté par le Curé revêtu d'une ma-

gnifique chappe de drap d'or, & étant entré, il se plaça sur un superbe trône qu'on lui avoit élevé au milieu de la grande nef; le *Dauphin* s'assit un peu au-dessous, & tous les Officiers de la suite prirent chacun leur rang.

Ce cérémonial étant fini, le *Cardinal de Lorraine* entonna le *Te Deum*, & on le chanta solemnellement.

Après avoir rendu grace à *Dieu*, le Roi curieux de voir le mouvement de l'*Assomption de la Vierge*, qui est au haut de la nef, vit jouer les ressorts de cette machine avec un grand plaisir.

Le divertissement fini, *François I* se retira dans le Château.

(*d*) Trois milles hommes de *Gardes-de-Côtes*, le Régiment d'*Harion* de deux bataillons, celui de *Clare* d'un bataillon, celui de *Lorraine* d'un bataillon, six cents *Bourgeois*, d'excellents *Canoniers*, & le Régiment de *Languedoc* Dragon, composoient l'armée Françoise. Page 34.

Quant à l'artillerie, elle étoit composée de quatre-vingt pièces de canons de gros calibre.

(*e*) Le bassin n'a actuellement que cent toises de long sur soixante-quinze de large, mais il doit être beaucoup plus allongé par la suite. M. de *Trudaine*, Contrôleur d'État, Intendant des Finances, ayant la partie des *Ponts & Chaussées*, étoit présent en 1775 lorsqu'on plaça les portes de l'écluse & le pont-tournant; il en parut fort satisfait. Page 35.

(*f*) S. M. venant de *Valogne*, arriva à *Cherbourg* sur les onze heures du soir. Le *Clergé*, avec le dais & l'encensoir, le *Maire & les Echevins*, les *Officiers de la Police*, de l'*Amirauté*, des *Traites-Foraines*, du *Bailliage de l'Abbaye* & différens notables Bourgeois, se Page 37.

trouvèrent à son arrivée au-delà du pont-tournant ; ils lui présentèrent leur respectueux hommage au bruit des vives acclamations du Peuple.

Ce pont sur lequel le Roi passa, le quai du port qu'il longea & les rues qu'il côtoya au pas des chevaux de son carosse étoient sablés, tapissés & parfaitement bien illuminés; on lisoit d'un côté & de l'autre différentes inscriptions, & l'on voyoit diverses emblêmes, telles qu'*ô Louis, ô Titus! Vive le Roi, Cæsaris Burgus in antiquum decus restitutus, & nomen erit Ludovici Burgus*, &c. ; à l'Arsenal du port, on trouvoit celle de, *la force, la sûreté*.

Le Régiment de la *Reine* Infanterie, qui est en garnison dans la Ville bordoit la haye tout le long du passage, depuis le Pont-tournant jusqu'à l'Abbaye (1), où S. M. devoit se rendre, & lorsque le Roi passa, chaque soldat lui présenta les armes.

Sur la place du *Calvaire* : S. M. entra par une superbe porte qu'on y avoit élevée ; elle étoit des mieux décorée & illuminée, & elle représentoit en petit, *la porte de S. Bernard de Paris* ; à son sommet on lisoit ce qui suit.

Ludovico XVI, Cæsaris Burgum ab ipso restauratum, adeunti.

La musique & les tambours du Régiment de la *Reine* qui s'étoient réunis sur cette place y jouoient & battoient la marche, & l'on sonnoit toutes les cloches de la Ville.

De cette porte, le Roi se rendit à l'*Abbatiale de l'Abbaye*, où il soupa en public : à sa table qui

---

(1) Cette maison n'a plus de Religieux depuis 1775.

étoit de trente couverts, se placèrent le *Prince de Poix*, *Capitaine de ses Gardes*, le *Duc de Villequier*, *Gentilhomme de la Chambre*, le *Duc de Coigny*, *premier Ecuyer*, le *Duc d'Harcourt*, *Gouverneur de la Normandie*, le *Duc de Beuvron*, *Lieutenant Général de la Province*, le *Duc de Charot & son fils*, le *Maréchal de Castries*, *Ministre de la Marine*, le *Maréchal de Segur*, *Ministre de la Guerre*, qui étoit arrivé la veille ; différens autres Seigneurs qui étoient du voyage, & plusieurs *Officiers Généraux & Colonels* s'y trouvoient aussi.

La *Duchesse d'Harcourt* & la *Comtesse de Guerchy* prirent également place à côté du Roi.

Le lendemain 23, S. M. se leva à trois heures du matin, assista à la Messe célébrée par le Desservant de l'*Abbaye*, puis elle s'embarqua avec sa Cour, sur un canot doré & couvert à l'une de ses extrêmités ; une vingtaine de matelots, revêtus de blanc & portant une écharpe de laine rouge, la conduisoient à la rame; M. de la *Bretonniere*, *Commandant la Marine à Cherbourg*, dirigeoit la navigation. Un autre canot dont les rameurs étoient habillés d'étoffe rouge, & dont l'impériale du bout étoit couverte de velours cramoisi (c'étoit celui du *Duc d'Harcourt*, conduisoit le reste de la suite de S. M.

Le Roi traversa la *Flotille* (1) qui se trouvoit mouillée sur la petite rade au bruit de toute l'artillerie des vaisseaux qui la composoient, & de toute celle des forteresses qui entourent l'ance de *Cherbourg* ; elle arriva & descendit sur l'un des huit cônes qui se

―――――――――――――――

(1) Voyez le tableau à la fin.

trouvent déjà placés à l'embouchure de cette ance & que l'on avoit couvert d'une toile pour mettre S. M. à l'abri du hâle.

De ce cône, S. M. vit facilement toute la manœuvre que l'on pratiquoit pour en placer un nouveau au côté Oriental ; ce cône avoit été soulevé & amené à sa place par le moyen de différentes tonnes vuides qu'on lui avoit attaché avec de très-gros cables.

L'opération étant finie, S. M. dina sur son cône avec les Seigneurs & Officiers qui l'avoient suivis. Pendant le repas il fut donné un concert des plus mélodieux par la musique du Régiment de la *Reine*, & l'on ne cessa de faire des décharges de l'artillerie des vaisseaux & des forteresses.

Une multitude infinie de canots garnis de monde s'étoit placée à l'entour du cône que S. M. occupoit.

Après le dîner, le Roi rentra dans son canot, passa à la Citadelle de l'Isle *Pelée*, qu'il nomme le *Fort-Royal* (1). S. M. y tira elle même un coup de canon, & après avoir examiné les ouvrages, elle se rembarqua & repassa à travers la *Flotille* dont les vaisseaux se trouvoient fleuris (2).

L'air retentissoit du bruit de l'artillerie de cette petite *Flotte*, & il étoit répondu par celui des canons des Forteresses.

S. M. débarqua près du Fort d'*Artois* & revint à l'*Abbaye* sur les cinq heures du soir ; elle étoit montée

───────────────

[1] Ce Fort répond à celui du *Hommel*, auquel le *Comte d'Artois* avoit donné son nom, lorsqu'il s'y étoit trouvé.

[2] *Fleurir* un vaisseau, c'est mettre tous les pavillons & toutes les flammes dehors, & les attacher à chaque vergue. La variété de leurs couleurs opéroit un émail charmant à la vue.

dans son carosse qui alloit au pas des chevaux qui le traînoient.

Comme le Roi se trouvoit un peu fatigué, il se coucha, dormit jusqu'à sept heures, & s'étant alors levé, il se montra au public par la fenêtre de son appartement.

Son souper qui se fit sur les neuf heures fut d'environ trente-cinq couverts.

Le 24, après avoir entendu la Messe qui fut célébrée par le Desservant de l'*Abbaye*, (M. de *Talaru*, *Evêque de Coutances*, faisoit les fonctions de Grand Aumônier), S. M. rentra dans son canot & vint monter à bord du *Patriote*, vaisseau Amiral de la petite Escadre: son embarquement se fit encore au bruit de toute l'artillerie, des vaisseaux & des forteresses. S. M. dina sur le *Patriote*; ensuite elle fit voile jusqu'à près de trois lieues en mer : parvenue à cette hauteur, suivie d'une grande quantité de petits bateaux remplis de monde, il fut donné un combat naval entre les vaisseaux de la *Flotille* qui avoient dévancé celui de S. M. Ce combat dura près de quatre heures; la canonade fut des plus vives, & le feu le mieux soutenu lors des attaques qui furent souvent réitérées ; mais le grand calme qui survint tout-à-coup vers les cinq heures les fit cesser; il empêchoit les visemens de bords & les autres manœuvres les plus curieuses (1).

Quoi qu'il en fût, S. M. fut très-satisfaite de toutes celles qu'elle avoit vues, & voulant découvrir les

---

(1) Pendant les combats on figura le *démâtement* total d'un vaisseau, un *abordage*, & l'*amende* d'un pavillon.

côtes d'*Angleterre*, elle s'en approcha dans son vaisseau, & elle monta à cet effet jusqu'à près de cinq lieues en mer.

Dans son retour, se trouvant à la hauteur de l'ance d'*Urville*, lieu de la grande rade où les *Anglois* avoient mouillé en 1758, on fit observer à S. M. toutes les opérations de leur descente & toute la nécessité d'établir à *Querqueville*, la Citadelle projettée, au lieu & place du Fort qui s'y trouve. Par cette construction on se trouveroit en état de s'opposer à tous débarquemens dans cette ance.

Ce ne fut qu'avec beaucoup de peines que la petite Escadre put regagner l'embouchure de l'ance de *Cherbourg* à son retour.

Arrivée en ce lieu, elle fut contrainte d'y mouiller; le calme continuoit toujours.

Ce fut à cette embouchure que S. M. fit tirer par le *Patriote* quatre coups de canons à boulet; elle en observa l'effet avec une attention très-scrupuleuse; elle en faisoit autant de toutes celles des autres opérations navales.

Ayant quitté son vaisseau, S. M. rentra dans son canot & se fit conduire à terre: débarquée auprès du *Fort d'Artois*, elle monta dans son carosse & revint au pas des chevaux à l'*Abbaye*.

Toutes les forteresses & les vaisseaux de l'Escadre firent une triple décharge de leur artillerie.

S. M. soupa encore en public, & sa table fut toujours de trente-cinq couverts.

On ne fit point tirer à boulet rouge sur le navire qu'on avoit disposé pour être embrasé & que l'on avoit ancré à une certaine distance du *Fort d'Artois* ; le Roi ne le jugea pas à propos(1).

Le 25, sur les sept heures du matin, après que le *Curé de Cherbourg* eut dit la Messe, (l'*Evêque de Coutances* continuant de faire les fonctions de Grand Aumônier) S. M. se rendit dans son carosse à l'entrée de la chaussée du *Fort d'Artois* ; elle la suivit à pied, entra dans la forteresse & en examina les ouvrages ; s'en étant retirée, elle s'embarqua dans son canot pour se rendre au *Fort de Querqueville* : il souffloit un vent assez frais du côté du Nord-Est, & la mer étoit un peu agitée.

En passant sous le *Fort d'Artois*, elle observa alors les ouvrages de l'extérieur, & ayant longé la côte au bruit de l'artillerie des Forts & de l'Escadre, elle descendit à *Querqueville* : ce fut alors qu'on lui fit remarquer plus facilement toute l'importance d'une construction de Citadelle en cet endroit.

S. M. étant rentrée dans son canot, vint à bord du *Patriote* qui étoit revenu sur la petite rade de *Cherbourg* avec sa Flotte, elle dîna avec sa suite sur le tillac. Pendant le repas on ne cessa de tirer le canon de tous les côtés.

A la sortie de table, elle repassa dans son canot, mit pied à terre sur le rivage du *Parc*, le parcourut, examina le dépôt des tonnes qui servent à placer les

---

[1] C'étoient des Boulets tirés par les canons de ce Fort, qui le devoient brûler & couler à fond : & l'on avoit construit sur le parapet du même Fort un pavillon couvert pour y placer S. M. Elle ordonna que le navire fût vendu, & le produit donné aux pauvres.

cônes, le moulin qui les remplit d'eau pour les conserver, entra dans les forges, la boulangerie & dans les autres édifices royaux ; ensuite elle vint sur le bord de la mer, se rembarqua dans son canot, côtoya & examina le cône qui est prêt à placer & la base de celui qui est en construction.

Après ces visites & ces observations, S. M. entra dans les jettées, les longea, s'enfonça dans le Port, observa les navires marchands qui s'y trouvoient rangés d'un côté & de l'autre, jetta les yeux sur la *Cayenne* ou prison que l'on construit sur l'un des quais, examina l'écluse du bassin, ses manœuvres & celles du pont-tournant pour l'ouvrir & le fermer, entra dans le bassés, tourna à l'entour & revint par-dessous le pont, traversa le Port, côtoya les jettées & gagna le *Becquet de Danneville* par la petite rade.

Parvenue en ce lieu, elle considéra le *Port*, les *ouvrages* & les *édifices* que ses troupes exécutent. A la sortie de cet endroit, S. M. monta dans son carosse & retourna à l'*Abbaye*. Les chevaux alloient encore au pas : toute l'artillerie des vaisseaux & des forteresses se fit entendre de nouveau pendant sa route.

Le soir sur les neuf heures il y eut le grand couvert ordinaire.

Le 26, S. M. repartit de *Cherbourg* pour se rendre à *Valogne* ; elle fut reconduite jusqu'à la sortie de la Ville par les différens Corps qui s'étoient trouvés à son arrivée ; le peuple qui étoit en grand nombre & qui bordoit le passage le long des rues & des quais, ne cessa pas ses acclamations continuelles, de lui marquer son allégresse & sa reconnoissance de l'avoir honoré de sa présence pendant trois jours.

Le

Le *Régiment de la Reine* bordoit auſſi la haye & préſenta ſes armes, & toute l'artillerie des Forts & de l'Eſcadre la ſalua d'une triple décharge.

Pendant le ſéjour de Sa Majeſté à *Cherbourg*, *les grenadiers & les chaſſeurs du régiment de la Reine*, furent campés ſous l'*Abbaye*, & eurent la garde du dehors de l'*Habitation Royale*. Sa Majeſté n'avoit que douze *Gardes-du-Corps* de ſervice auprès de ſa perſonne.

Dans toutes les démarches qu'Elle fit dans la Ville & dans les environs & pendant ſes repas, Elle ne diſcontinua point de donner des marques de ſa plus grande ſatisfaction & de ſa bienfaiſance ordinaire, tant envers les peuples, qu'envers ceux qui ſe trouvoient attachés à ſon ſervice.

On aſſure que S. M. a créé *Lieutenant-Général des armées navales*, le *Comte d'Albert de Rions, Commandant la Marine à Toulon, Commandeur de l'Ordre de S. Louis*, & Commandant le *Patriote & l'Eſcadre*.

Que le Sr. de *Caux, Directeur de Génie à Cherbourg*, a été fait *Commandeur du même Ordre*.

Le Sr. de la *Bretonniere, Commandant la Marine à Cherbourg, Chef d'Eſcadre* :

Le *Vicomte de Tavanne, Colonel-Commandant le Régiment de la Reine Infanterie, Brigadier d'Infanterie*; qu'Elle a donné à M. de *Choiſeul Praſlin, Colonel en ſecond du même Régiment*, la Croix de S. Louis :

Au Sr. de *Chalus, Major du même Régiment*, le grade de *Lieutenant-Colonel* :

Six Croix de S. Louis aux principaux Officiers de l'Eſcadre :

Qu'elle avança de deux ans, ceux du *Régiment de la Reine* qui l'aſpirent.

D

(50)

Qu'elle donna à un *Capitaine, premier factionnaire* (1) *du même Régiment*, sa retraite & la Lieutenance du Roi du *Port-Louis* en Bretagne, laquelle vaut, dit-on, quatre mille livres :

Une gratification au Sr. *d'Effeffart*, Chevalier de S. Michel & Ingénieur du Roi, pour le Pont & les cônes de Cherbourg (2) :

La *Nobleffe* au Sr. *Defmons de Garentat*, Lieutenant-Général de Police & Maire de la Ville :

La même dignité aux Srs. *Chantaregne & Postel de Fontenelles*, tous les deux Négocians & Echevins.

Ce qu'il y a de certain, c'est que S. M. donna aux *Pauvres de l'Hôpital*, une somme de dix mille livres :

Au *Curé de Cherbourg pour les Pauvres de la Ville*, une somme de deux mille livres :

Une gratification aux *Parens du jeune homme* qui fut tué par l'effet de la rupture de l'anneau d'un gros cable lors de l'assiette du cône :

Semblables gratifications aux *Ouvriers qui furent blessés*. S. M. avoit envoyé le Sr. *d'Andoville*, son premier Chirurgien à bord du navire où ils étoient pour les faire panser.

Enfin, S. M. donna deux mille quatre cents livres aux Rameurs de son canot royal.

---

(1) Cet Officier s'étoit jetté à l'eau pour avancer le canot où étoit le Roi, & favoriser le débarquement de sa personne. Sa Majesté fut sensible à ce grand empressement.

(2) Cet Ingénieur avoit reçu une tabatière d'or du Comte d'Artois.

LISTE
ET NOMS DES VAISSEAUX
Dont l'Escadre étoit composée, & des Officiers qui la composoient.

Vaisseau de haut bord ou de ligne, percé de 82 canons.	Le Patriote de 74 canons.	Monté par le Comte d'Albert de Rions, commandant ordinairement la Marine à Toulon, Chef d'Escadre & Commandeur de l'Ordre de S. Louis pour le service de mer, Commandant de l'Escadre. Le Comte de Renaud d'Allin, Capitaine de Pavillon.
Frégates de 40 canons ou du premier rang.	La Junon.	Montée par le Comte de Charité, Chef d'Escadre & second Commandant de l'Escadre. M. d'Ettry, Capitaine de Pavillon.
	La Félicité.	Montée par le Comte de Soulanges, Chef d'Escadre, Directeur-Général du Port de Toulon, troisième Commandant de l'Escadre. M. de Trécesson, Capitaine de Pavillon.
Frégate du second rang ou de 20 canons.	La Blonde.	Montée par M. de Rivière, Capitaine de Vaisseau.
Corvettes.	La Vigilante. Le Duc de Chartres. La Levrette. Le Malin.	M. Isnard de Cancelade. M. de Kersaint. M. de S. Vallier. M. d'Orvillers. } Capitaines.
Petites Corvettes ou Cuters.	La Favorite. Le Furet. Le Papillon. La Cérès. La Flèche. L'Alouette.	M. de Flotte. M. de Maurville. M. de Mesmé. M. de Belisal, Capitaine de Vaisseau. M. de S. Félix. M. de Tromelin.
Gabarres armées en guerre. Elles vont chercher des chanvres à à Riga.	Le Dromadaire. Le Nécessaire. Le Mulet. La Lamproie. Le Barbeau. La Lionne.	M. Bolle. M. Grellier de Concise. M. Bisten de Largon. M. de la Jonquière. M. du Bouexic. M. d'Herly. } Capitaines.

www.ingramcontent.com/pod-product-compliance
Lightning Source LLC
LaVergne TN
LVHW020053090426
835510LV00040B/1679